後を絶たない
脚立等使用作業による災害

　脚立等作業による災害は後を絶ちません。身近な用具による、しかも短時間作業なので、危険を認識しないまま作業することが多いと考えられます。低所の作業でも「頭の高さはどれくらいか?」を考え、自らの安全を確保して作業を行わなければなりません。脚立等の種類でよく使用されるのは踏みさんが6段又は7段の**「はしご兼用脚立」**(下図①)ですが、最近では、体を安定させて作業ができる**「上わく付き専用脚立」**(②)、作業床の広い**「補助手すり付き可搬式作業台」**(③)が普及しています。これらは墜落災害防止にとても有効です。

　それでは、事例をもとに脚立等作業においてどのような災害が発生しているか、どうすれば災害を防ぐことができるかを具体的に考えていきましょう。

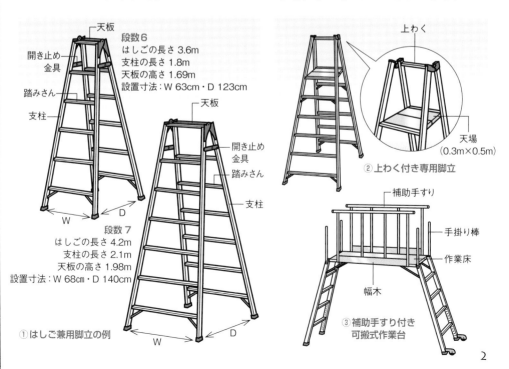

天板

段数6
はしごの長さ 3.6m
支柱の長さ 1.8m
天板の高さ 1.69m
設置寸法:W 63cm・D 123cm

開き止め金具

踏みさん

支柱

W　D

天板

開き止め金具

踏みさん

支柱

段数7
はしごの長さ 4.2m
支柱の長さ 2.1m
天板の高さ 1.98m
設置寸法:W 68cm・D 140cm

W　D

①はしご兼用脚立の例

上わく

天場
(0.3m×0.5m)

②上わく付き専用脚立

補助手すり

手掛り棒

作業床

幅木

③補助手すり付き
可搬式作業台

2

脚立とともに後方に倒れて床面に激突

はしご兼用脚立（6段）の天板にまたがって座り、
壁にポスターを貼っていたところ、
脚立とともに後方に倒れて床面に激突した。

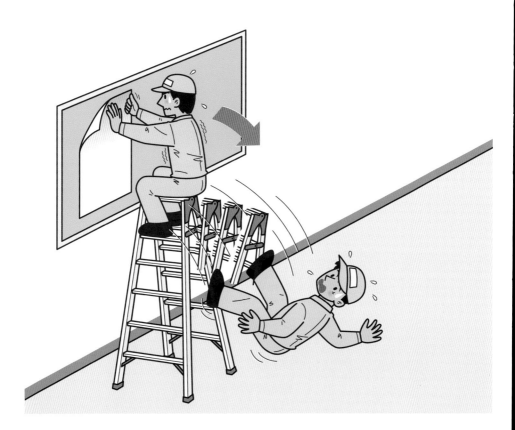

ここが危ない

1 脚立を壁に対して直角に設置した（脚立は横方向の安定性が悪い）。
2 天板にまたがって座ったので危険回避の行動ができなかった。
3 保護帽を着用していなかった。

こうすれば安全

脚立の向き
ヨシ！

1 脚立は作業をする壁に対して昇降面を平行に設置する。

2 保護帽を着用する。

3 天板に乗る・座る・またがる行為は禁止する。

4 天板を含めて上から2段目以下の踏さんに立ち、天板に身体を当てて作業する。

上わく付き専用脚立

ポイント！
天場に両足を乗せて作業ができる

5 天場の広い上わく付き専用脚立を使用する。

天板を含めて上から2段目以下

ポイント！
足を軽く開き天板に身体を当てると安定する

指差し呼称のポイント

「立ち位置2段目以下　ヨシ！」

脚立上で力を入れて作業していたところ墜落

傾斜した床面で、はしご兼用脚立（6段）の天板に片足を乗せ、力を入れて作業をしたところ墜落した。

ここが危ない

1 床面が傾斜していて初めから脚立全体が傾いていた。

2 踏さんに左足を乗せ、天板に右足を乗せて左に身体を傾けた。

3 保護帽を着用していなかった。

こうすれば**安全**

1 天板に足を乗せない。

2 脚部の長さを調節できる脚立を使用するなど、脚立は水平に設置する。

3 保護帽を着用する。

ポイント!
作業床の確保と墜落制止用器具の使用

アウトリガー

4 墜落制止用器具を着用し、常時使用する。堅固な配管等、墜落制止用器具をかける場所を確保する。

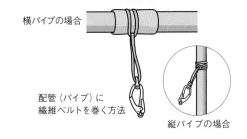

横パイプの場合

配管（パイプ）に繊維ベルトを巻く方法

縦パイプの場合

5 補助手すり付き可搬式作業台を使用し、アウトリガーを設置する（作業台の転倒防止）。

6 天井作業が多い場合は可搬式作業台を並列に置きブリッジを渡す。

ポイント!
段差やすき間がなく広い作業床を確保

指差し呼称のポイント

「脚立水平　ヨシ！」　「墜落制止用器具使用　ヨシ！」

窓の清掃中、
バケツに足をとられて墜落

可搬式作業台（作業床の高さ0.9m）を使用して
窓を清掃していたところ足元のバケツにつまずき、
よろけて墜落した。

ここが危ない

1️⃣ 作業床の上にバケツを置いていた。

2️⃣ 高い位置に手が届かず無理をしてつま先立ちで窓を拭いていた
（作業の高さに合った用具を使っていなかった）。

3️⃣ 補助手すりがなく、つかまるものがなかった。

4️⃣ 保護帽を着用していなかった。

こうすれば安全

> **ポイント!**
> フックで
> 手すりに
> かける

> **ポイント!**
> 補助手すりと
> アウトリガー
> の設置

1 作業の高さに合った用具を選択する。補助手すり付き可搬式作業台（作業床の高さ1.5m）を使用する。

2 保護帽を着用する。

3 アウトリガーを設置する（作業台の転倒防止）。

4 バケツはフック等で手すりにかける。

5 アウトリガーがない場合は7段脚立を横に据えてロープで固定する。

> **ポイント!**
> 脚立を
> 横に据えて
> 固定する

指差し呼称のポイント

「作業床高さ　ヨシ！」　　「補助手すり設置　ヨシ！」

トラックのシート掛け作業中、アオリから墜落

荷のシートを掛けるため、脚立からアオリに移り
バランスを崩して墜落した。

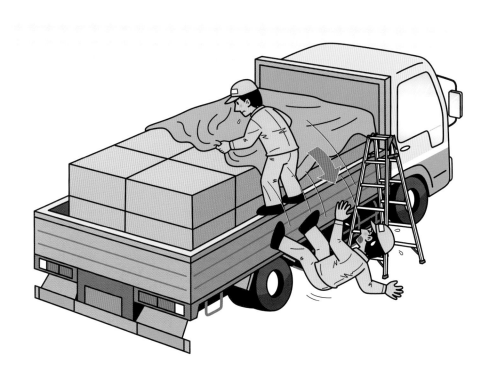

ここが危ない

1 アオリに乗って横に移動し、不安定な状態だった。
2 バランスを崩したときつかむものがなかった。
3 保護帽を着用していなかった。

こうすれば安全

1 アオリ上での作業を禁止する。

2 補助手すり付き可搬式作業台を設置してシート掛けを行う。

3 保護帽を着用する。

4 脚立等を使用せず次の方法で作業する。

補助手すり付き可搬式作業台

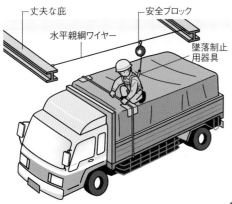

丈夫な庇　水平親綱ワイヤー　安全ブロック　墜落制止用器具

4-1 トラック停車位置に庇がある場合は、水平親綱ワイヤー、安全ブロックを取り付け、墜落制止用器具を使用する。

4-2 荷台の中央にワイヤーを張り、シートをワイヤーにはわせながら引き出してシートを広げる。

シート　ワイヤー　支柱

ポイント!
荷台上で
一人で
作業ができる

指差し呼称のポイント

「保護帽着用　ヨシ！」
「可搬式作業台使用　ヨシ！」

はしご兼用脚立を使って ピット内に下りていたところ、 足を滑らせて墜落

地下ピットの清掃のため点検孔から
はしご兼用脚立を使って下りていたところ、
足を滑らせて墜落した。

 ここが**危ない**

1. 薄暗い中、ピット入口のぬかるみで濡れた靴をはいてはしごを下りていた。
2. 清掃道具を持っていたのでとっさの時に身体を支えられなかった。
3. 墜落制止用器具の装着などの墜落防止措置をしていなかった。
4. 保護帽を着用していなかった。

こうすれば**安全**

1. 昇降時は物を持たない（用具は袋等に入れロープを使いピット内に下ろしておく）。
2. 靴底の滑りにくい靴を選び、足裏の水気を取る。
3. ヘッドライト付き保護帽を着用する。

ポイント!
用具はあらかじめピット内に下ろす

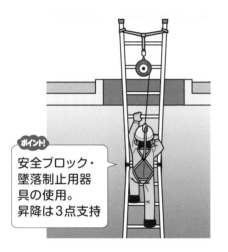

ポイント!
安全ブロック・墜落制止用器具の使用。昇降は３点支持

4. はしごに安全ブロックを設置し、ハーネス型墜落制止用器具を使用する。
5. 両手・両足のうち３点で支持しながら昇降する。

ピット内は酸欠等を疑え！

1. 酸素濃度、硫化水素濃度の測定
2. 入孔前に換気を十分に行い、作業中も換気を継続
3. 酸素濃度18％以上、硫化水素濃度10ppm以下にならなければ送気マスク等の呼吸用保護具を使用
4. 監視人を配置し異常があったら直ちに通報

★ピット内で作業者が倒れた場合、ハーネス型墜落制止用器具を着用していれば命綱等をD環に掛けて吊り上げることができる。
【参考図書】「安全確認ポケットブック　酸欠等の防止」（中災防発行）

指差し呼称のポイント

「墜落制止用器具使用　ヨシ！」
「はしご昇降３点支持　ヨシ！」

屋根の雨どいの清掃中、
はしごから墜落

雨どいの落ち葉清掃のため、
はしご兼用脚立に上って作業していたところ、
脚部が沈んではしごの上部が傾き、
コンクリートの地面に墜落した。

ここが危ない

1 はしごを設置した地盤が軟弱で不安定であった。

2 はしごの転位を防止する措置をとっていなかった。

3 保護帽を着用していなかった。